AF309818

NAPOLÉON

ALGER

POÉSIES.

PAR THÉODORE SERRE.

A Paris,

CHEZ GARNIER FRERES, LIBRAIRES,

PALAIS-ROYAL.

1842.

NAPOLÉON. ALGER.

PARIS.—IMPRIMERIE DE FAIN ET THUNOT,
IMPRIMEURS DE L'UNIVERSITÉ ROYALE DE FRANCE,
Rue Racine, 28, près de l'Odéon.

NAPOLÉON

ALGER

POÉSIES.

PAR THÉODORE SERRE.

A Paris,

CHEZ GARNIER FRÈRES, LIBRAIRES,

PALAIS-ROYAL.

1842.

PRÉFACE.

Voici des vers sur deux magnifiques sujets, que
le génie d'un grand poëte pourrait seul traiter
dignement. Pâles enfants de mes courts loisirs, ces
vers auront, je le crains, peu de succès. Aussi ai-je
hésité longtemps à les publier. Si je me décide
enfin, c'est dans l'espoir que l'on voudra bien ex-
cuser les défauts de la forme en faveur des senti-
ments patriotiques qui les ont inspirés.

J'ai cru qu'il pourrait être utile, dans ce siècle
d'égoïsme et d'argent, de réhabiliter les idées de
gloire et de grandeur nationales, trop oubliées,
hélas ! Tel est l'esprit qui domine dans l'ode sur
Napoléon, écrite à l'époque de la translation des
cendres impériales.

Dans la pièce sur Alger, j'ai voulu vulgariser ces mêmes idées en les associant au progrès de ces intérêts matériels qui sont le besoin des peuples, mais dont le culte trop exclusif les conduirait bientôt à leur ruine. J'ai voulu aussi aiguillonner cet esprit d'indécision qui, malgré les assurances officielles, préside toujours aux affaires de l'Algérie, et protester avec la France entière contre toute arrière-pensée d'abandonner un jour notre belle et glorieuse conquête.

Enfin mon but a été de m'assurer, par cette publication, s'il n'y a pas de la témérité à moi, obscur négociant, d'aspirer au commerce de la muse à qui je dois quelques heures de bonheur.

NAPOLÉON.

NAPOLÉON.

Décembre 1840.

Dieu! que préparez-vous?... Quel bruit se fait entendre?
Pour qui ces flambeaux, ce soleil?...
Est-il mort ou vivant celui qui va descendre
Sur cette plage où règne un pompeux appareil?

Une voile au loin se déploie
Sur l'immense horizon des mers ;
Et la rive, de cris de joie,
Fait soudain retentir les airs ;
Sur les colonnes triomphales
Les fleurs s'élèvent en spirales,
Et les cloches des cathédrales
Poussent vers les cieux leurs concerts.

Le navire a percé les vapeurs de l'aurore :
Il approche : — il porte un cercueil !
Une pâle clarté, funèbre météore,
Laisse à peine entrevoir ce spectacle de deuil.

A cet aspect, d'amères larmes
Roulent dans les yeux des soldats
Ces cœurs endurcis aux alarmes,
Sont réduits à gémir, hélas !
Et la foule immense accourue,
Comme eux aussi pleure, éperdue,
Aussitôt que frappe sa vue
Ce simple appareil du trépas.

C'est qu'une cendre auguste en ce tombeau repose ;

    Restes sacrés et glorieux

D'un héros digne aussi de cette apothéose

Qui des héros anciens faisait des demi-dieux !...

    Que dis-je ! c'est son grand génie

    Qui sommeille dans ce cercueil ;

    C'est sa gloire longtemps bannie

    Qui vient retremper notre orgueil ;

    C'est son âme inquiète et fière

    Qui, lasse d'être prisonnière

    Dans une île inhospitalière,

    Nous demande un plus digne accueil...

Peuple ! prosterne donc ta face dans la poudre !

    C'est bien lui ! c'est ton empereur !...

Lui qu'avaient épargné le plomb, le fer, la foudre,

Et que tua l'exil, bien plus que le malheur !...

    O sublime et touchante scène !...

    Il revient, l'illustre proscrit,

    Vers ces rivages de la Seine

    Où son nom partout est écrit ;

Et la France accourt, triste veuve,
Et son regard longtemps s'abreuve
Au spectacle qui sur le fleuve
L'émeut, l'attache et l'attendrit !

Mais bientôt l'allégresse en vifs transports éclate :
C'était le devoir d'un tel jour :
La France triste et calme eût paru trop ingrate
A celui qui l'aima d'un héroïque amour.

Gloire à la dépouille chérie !
Elle a touché le sol gaulois ;
Les salves de l'artillerie
Grondent dans l'air, comme autrefois,
Lorsqu'en sa course vagabonde,
Le guerrier traînait, à la ronde,
Dans les capitales du monde,
Son brillant cortége de rois.

Le voilà !... ses amis, ses soldats héroïques
Pensifs sont encor près de lui ;
Mais leur cœur ne bat plus à ses accents magiques...
Et l'astre d'Austerlitz cependant aura lui !

Salut ! compagnons de victoire
Du héros qui nous fit si grands :
La mort, hélas ! la mort sans gloire
A décimé vos nobles rangs !
Mais nos yeux inondés de larmes
Ont trouvé nos cœurs sans alarmes
En voyant resplendir vos armes
Aux mains de vos fiers descendants.

Leurs nombreux bataillons s'avancent sur vos traces,
Recueillis et silencieux.
Oui, ce sont bien les fils de ces vaillantes races
Par qui le nom français s'éleva jusqu'aux cieux !

Ils escortent l'auguste cendre ;
Et l'on voit à leurs fiers regards
Que, si le moderne Alexandre
Guidait encor nos étendards,
Ils châtîraient, comme leurs pères,
Les insolences étrangères,
Et dompteraient dans leurs repaires
Les aigles et les léopards !

Oui, seul tu compris bien notre honneur, notre force,
Toi, l'effroi de nos ennemis !
Ah ! si tu nous restais vivant, ô fils de Corse,
Nous ne subirions pas l'insulte et le mépris !...

Mais le tableau de notre honte
Ne doit point attrister ce jour
Où la France unanime est prompte
A te témoigner son amour.
Ton exil vit notre tristesse :
L'heure a sonné pour l'allégresse,
Et des chants de joyeuse ivresse
Doivent seuls fêter ton retour !

Viens ! arrête un instant ta marche triomphale
Sous ce portique somptueux
Qui doit perpétuer ta gloire impériale ;
Vois du peuple empressé le flot tumultueux :

Regarde !... ce million d'âmes,
Bourgeois, guerriers, enfants, vieillards,
Prêtres, magistrats, nobles dames
Tournent vers toi d'ardents regards ;

Comme aux beaux jours où nos cohortes,
Aux fronts brunis, aux âmes fortes,
Sur tes pas rentraient dans nos portes,
Avec leur moisson d'étendards.

C'est en vain que l'hiver d'une couche glacée
Couvre la terre sur tes pas :
Au foyer de nos cœurs ta grande ombre est placée,
Et notre ardent amour brave tous les frimas!...

Ainsi nos pères, en Russie,
Au milieu de scènes d'horreur,
Sur la neige froide et durcie,
En criant : vive l'empereur !
Mouraient pour toi, car ta grande âme
Les pénétrait tous de sa flamme,
Et les cœurs dévoraient le blâme
Qu'entraînait ta fatale erreur.

Pouvoir prodigieux d'un immortel génie!...
A toi l'amour et le respect.
Absent, de tout Français ta mémoire est bénie,
Et l'admiration éclate à ton aspect!

Tu parais, et plus de discordes !
Les glaives quittent les fourreaux ;
Mais la France voit fuir les hordes
Des étrangers et des bourreaux ;
Les arts et les lois refleurissent,
De merveilleux travaux surgissent,
Tous les obstacles s'aplanissent,
Et nos guerriers sont des héros !

C'est qu'à ton noble cœur la patrie était chère ,
Et que tu voulais sa grandeur ;
C'est que la France en toi reconnaissait un père ,
Et partout, et toujours gardien de son honneur !

O temps de sublimes spectacles !
Du passé le gouffre béant
A déjà plongé vos miracles
Dans les profondeurs du néant ;...
Et pourtant ta grandeur nouvelle
Semblait devoir être éternelle,
Quand ton aigle étendait son aile
De Rome à Berlin , ô géant !

Mais pour tes grands desseins tu ne fus qu'un grand homme :
    Un Dieu seul eût pu les remplir !
Mais ton ambition poursuivait un fantôme,
Et ton étoile, un jour, devait, hélas! pâlir!...

    Ah! si, moins avide de gloire,
    Ton génie eût compris la paix,
    Ce fruit si doux de la victoire ;
    Abandonné par le succès,
    Tu n'aurais point, à Sainte-Hélène,
    Trouvé la mort, après la haine
    De cette Angleterre hautaine
    Que n'épouvante aucun excès !

Si, content d'être chef d'un peuple brave et libre,
    Toi, le plus grand de ses enfants,
Tu n'eusses point voulu du Tage à l'Elbe, au Tibre,
Voir flotter souverains tes drapeaux triomphants ;

    Si ton ambition perfide
    Ne t'eût point, hélas! fasciné ;
    Si ton bras, ton bras parricide,
    N'eût point enfin assassiné

La liberté, ton autre mère ;

Oui, ta puissance passagère

Eût longtemps brillé sur la terre !

Pour toi l'avenir était né !...

Avenir de splendeur, de gloire et d'espérance !...

Avenir de force et de paix ;

Avenir de triomphe ; avenir de puissance ;

Avenir de bonheur ; avenir de progrès !...

En rêvant à nos destinées,

J'ai sondé d'un œil curieux

L'ombre des futures années ;

Et l'esprit émané des cieux

Illuminant ma rêverie,

J'ai vu, dans une allégorie,

Tout l'avenir de la patrie,

Sublime, immense et radieux !

Belle de majesté, de force et de jeunesse,

Une femme au front calme et fier

S'appuyait sur un globe, et sa main vengeresse

Présentait à la fois l'olivier et le fer :

Et bientôt les clameurs de guerre
De ses ennemis envieux
Faisaient silence sur la terre ;
Son bras était victorieux :
Et, déposant leurs vieilles haines,
Les grandes familles humaines,
Pour rompre leurs pesantes chaînes,
Briguaient son appui précieux :

Et la femme au front noble était reine du monde
Et mère de l'humanité :
Et chacun proclamait sa mamelle féconde
La source de tout bien, de toute vérité :

Et les peuples rivaux naguères,
Par elle réconciliés,
S'embrassaient tous comme des frères ;
Et leurs tyrans humiliés
Courbaient la tête devant elle :
Et c'était une ère nouvelle
Où, d'une union fraternelle,
Tous les mortels étaient liés ·

Et cette noble femme était la belle France,

    Calme, forte et pleine de foi,

Répandant sur ses pas le bonheur, l'espérance ;...

Et chacun voulait vivre et mourir sous sa loi :

    Et celle qui fut la marâtre

    Du plus grand nombre de ses fils

    Les réchauffait tous au même âtre ;

    Il n'existait plus de partis :

    Et la France alors n'étant qu'une,

    Jetait dans la masse commune

    Travaux, sang, génie et fortune,

    Les progrès étaient infinis !...

Et devant moi passa toute cette féerie...

    Alors je m'écriai, joyeux :

O généreuse France, ô ma chère patrie,

Qui t'a fait des destins si grands, si merveilleux ?

    Et soudain, une voix tonnante

    Me répondit du haut des airs :

    « Si la France est riche et puissante,

    » L'amour, l'espoir de l'univers,

» C'est que l'honneur veille sur elle ;

» C'est qu'une main ferme et fidèle

» Hardiment dirige son zèle

» Dans les sentiers qui sont ouverts. »

A ces mots, m'apparut un guerrier au teint pâle,

L'air pensif, la couronne au front :..

Et je fus ébloui !... la gloire impériale

Rayonnait à mes yeux !... c'était Napoléon !

Et des cris d'amour, d'allégresse

Saluaient l'empereur et roi ;

La paix, le bonheur, la richesse

Régnaient partout avec sa loi ;

Et les Francs, actives abeilles,

Des arts enfantaient les merveilles...

Et j'étais tout yeux, tout oreilles ;

Et dans l'avenir j'avais foi !...

Mais hélas ! c'étaient là les fantômes d'un songe ,

Des désirs sans réalité !...

Rêvant, j'avais été le jouet d'un mensonge ;

Éveillé tout à coup, je vis la vérité !

Je vis, et j'eus l'âme navrée,

Je vis des peuples sans vertus;

Une terre déshonorée,

Où les courages abattus

Dormaient sur l'injure impunie;

Je vis une amitié trahie;

Je vis la honte... et l'infamie

Des hommes au pouvoir vendus!

Je vis les bataillons couvrir au loin la terre,

Et les rois s'armer à grand bruit :

Et pourtant, ce n'était ni la paix ni la guerre...

C'était l'éclair sans foudre et l'arbre sans le fruit!...

A la suite de tant d'années,

Je vis surgir les passions;

Je vis les haines ranimées;

Je vis l'espoir des factions

Ne respirant que les batailles;

Puis, je vis d'immenses murailles...

Et redoutant des funérailles,

Je pleurai sur les nations!...

Et je plaignis ton sort, ô patrie adorée !
    Naguère tu dictas des lois :
Je te voyais, grand Dieu ! d'ennemis entourée,
Humble et courbant le front sous la haine des rois !

    Alors j'eus soif de la vengeance...
    Et honte de la lâcheté
    Dont on osait flétrir la France ;
    Et je m'écriai, transporté,
    Et de douleur et de colère :
    O toi qui fis trembler la terre,
    Napoléon ! vois la misère
    D'un peuple atteint dans sa fierté :

Pour un jour, un seul jour, ah ! renais de ta cendre ;
    Reprends ton glaive des combats,
Ce glaive qui jadis sut si bien nous défendre
Marche !... la France entière accourra sur tes pas !

    Et plus rapide que la foudre
    Qui, tombant au milieu des bois,
    Aussitôt les réduit en poudre,
    Anéantis tous à la fois

Les ennemis de la patrie!...
Ils la voulaient humble, flétrie...
Qu'ils la trouvent fière, aguerrie,
Forte et jalouse de ses droits!

Aussitôt, j'entendis, du haut des Invalides,
Retentir ces mots solennels :
« Séchez vos pleurs, Français! l'homme des Pyramides
» Vient retrouver enfin ses guerriers immortels :

» Tant que le géant des batailles
» Sous ces voûtes habitera,
» Son nom plus fort que des murailles,
» Son grand nom vous protégera!
» Mais n'outragez pas sa mémoire,
» En laissant ternir votre gloire;
» Restez le peuple de l'histoire :
» L'univers vous respectera!... »

ALGER.

ALGER.

Décembre 1841.

France ! prête l'oreille à ma voix inconnue !

    Et vous, ses ennemis, tremblez !

L'avenir m'apparaît ! Je déchire la nue

Dont vos brillants destins, ô Français, sont voilés !

Mes paroles sont prophétiques !

Sondes-en bien la profondeur,

Toi dont mes vœux patriotiques

Rêvent la gloire et la grandeur !

Je viens sur ces lointaines terres,

Humides du sang de mes frères,

Fixer tes maternels regards ;

Je veux, sur l'Afrique soumise,

Te voir désormais bien assise,

Malgré les jaloux Léopards !

Le cri des nations, le cri de l'esclavage,

Naguère armant ton bras vainqueur,

On te voit aborder cette rive sauvage,

Et venger en un jour l'Europe et ton honneur !

C'est vainement que le Dey compte

Sur ses murs de fer hérissés !

Tes fiers soldats, que rien ne dompte,

Hardiment se sont élancés !

Déjà leurs vaillantes cohortes

Du barbare ont brisé les portes !

Déjà, méprisant le danger
Qui de toutes parts les menace,
Ils ont le prix de leur audace :
Ton drapeau flotte sur Alger !

Ce que ne purent pas jadis deux vaillants princes,
Louis le Grand et Charles-Quint,
Ce maître ambitieux d'innombrables provinces,
Ce qu'Albion tenta, sur le sol africain,

Vous l'avez fait, fils de la France !
Vous seuls avez cueilli le fruit !
Au gré d'une juste vengeance,
Vos armes ont enfin détruit,
Comme des aiglons dans leurs aires,
Les pirates et leurs repaires !
Oui, vous êtes bien les enfants
De ces phalanges intrépides
Qui, de Dantzick aux Pyramides,
Portèrent leurs pas triomphants !

Mais, ô vainqueurs du Dey ! Maîtres de ses murailles,
Vous avez d'autres ennemis !

Le démon de la haine en vain sert leur courage !
En vain leurs chocs disséminés
Contre vos rangs pressés se heurtent avec rage,
La victoire appartient aux cœurs disciplinés !

A vous donc les plaines fertiles ;
A vous les monts, les bois, les mers ;
A vous les minarets des villes,
Au Bédouin les vastes déserts !
Qu'il aille au loin sur ses cavales,
Plus rapides que les rafales,
Qu'il aille paître ses troupeaux ;
Et qu'il vous laisse, sur l'Afrique,
D'une conquête pacifique
Asseoir les fructueux travaux !

Mais non ! Par vos succès sa haine envenimée
Dans son cœur s'amasse et grandit !
Telle au sein du volcan la lave comprimée
S'amoncelle en grondant et tout à coup bondit !

Un jour, s'il vous croit sans défense,
Il reviendra, le fer en main,

Sacrifiant à sa vengeance
Tout ce qui suivra son chemin.
Vos sentinelles égorgées,
Et vos campagnes ravagées,
Vous montreront qu'il est passé;
Mais, si vous tentez sa poursuite,
Tout autre signe de sa fuite
Sera sur la terre effacé.....

Et sans trêve, longtemps, sa rage fanatique
    S'exercera sur vos soldats,
Qui, toujours animés d'un courage héroïque,
Sauront vaincre, et pourtant ne les atteindront pas!

Car les immenses solitudes,
Dont soudain les profonds abris
Cachent ces hommes aux cœurs rudes,
Tout aussitôt les ont vomis.
Ceux qu'un instant la fuite entraîne,
Bientôt ramenés dans l'arène,
S'élancent plus impétueux;
Telle la vague mugissante

S'éloigne et revient incessante
Battre le roc majestueux !

Mais l'aveugle fureur cède enfin au courage ;
L'Arabe fuit devant la Croix ,
Et déjà pour un temps il éloigne l'orage
De ces lieux que la guerre a troublés tant de fois.

Déjà l'étendard tricolore
Des murs d'Alger s'est élancé,
Et comme un brillant météore
Vers l'Atlas il s'est avancé !
Partout des campagnes désertes ,
Et partout des cités ouvertes
Se rendent à l'heureux vainqueur,
Qui , d'une facile victoire,
Improductive pour sa gloire ,
S'indigne et murmure en son cœur !

Déjà du conquérant la force se révèle !
L'art improvise les cités,
Et, donnant aux objets une forme nouvelle,
Fait sourire ces bords autrefois détestés.

Les déserts, les froids marécages,
Que le soldat a desséchés,
Voient verdir de riants pacages;
Les plaines, les monts défrichés,
Se couvrent d'innombrables gerbes;
Et déjà des routes superbes
Ouvrant un sûr et prompt accès,
A travers ces plages brûlantes,
Vont dire aux peuplades errantes
La puissance et le nom français.

Et pourtant chaque jour les feux d'un ciel perfide
Engendrent la mort dans les rangs;
La fièvre étend sur tous sa main sèche et livide,
Et ceux qu'elle épargna, faibles, presque mourants,

Du sein d'un repos nécessaire
Rappelés bientôt aux combats,
S'en vont, contre un autre adversaire,
Affronter un autre trépas!
L'Arabe est rentré dans la plaine :
Gardant toujours au cœur sa haine

Pour celui qu'il croit moins puissant,
Il vient, quand la mort vous foudroie,
Comme un tigre égorgeant sa proie,
S'enivrer de meurtre et de sang !

Ah ! que de nobles cœurs sont tombés sous son glaive
Ou sous l'inclémence du ciel !
Que de pleurs ont suivi ceux que la mort enlève,
Et mêlé dans la coupe et l'absinthe et le fiel !

Si du moins ces larmes versées,
Si les cendres de ces guerriers,
Par les vents au loin dispersées,
Fécondaient, avec vos lauriers,
Les rameaux de votre puissance !...
Si l'Arabe à l'obéissance
Par ses revers était réduit !...
Si l'Afrique, de sang trempée,
Pouvait, au soc plus qu'à l'épée,
Devoir à la fin quelque fruit !...

Mais, hélas ! chaque jour qui suit une victoire
Voit surgir un péril nouveau !

Le triomphe n'est rien qu'une stérile gloire,
Alger semble couvert d'un funèbre bandeau !

Partout mort, misère et souffrance !
Guerriers, artisans et colons,
Tous ceux qui sont venus de France,
Pour exploiter quelques filons
Des riches terres africaines,
S'épuisent en fatigues vaines ;
Il n'est point de sécurité !
Le plus hardi n'ose entreprendre,
Et la paix d'un jour ne peut rendre
Que des fruits sans maturité !...

Tout à coup, au milieu du calme d'une trève,
L'orage gronde à l'Occident ;
Terrible, impétueux, il court, grandit et crève
Sur le Français qu'endort un repos imprudent.

Un homme seul à la tempête
Commande, et se fait obéir
Comme successeur du Prophète :
Il porte le titre d'émir !

Son bras est fort, son âme est vaine ;
L'ambition avec la haine
Guident sa volonté de fer ;
Et sous le burnous qui le voile ,
Son œil de l'Arabe est l'étoile :
C'est le farouche Abd-el-Kader !

A sa sauvage voix prêchant la guerre sainte ,
    Le désert s'ébranle et le suit ;
L'Afrique de nouveau de sang français est teinte ,
Sur Alger s'amoncelle une plus sombre nuit !

La guerre est terrible , inhumaine !
L'Arabe , moins audacieux
Sous la main de fer qui l'enchaîne ,
Marche , attaque et résiste mieux.
Lui qui toujours dans les alarmes
Avait dû fuir devant vos armes ,
Il sait vous attendre à son tour,
Et se venger de ses défaites ,
De ses pertes , de vos conquêtes ,
Par le triomphe d'un seul jour !

Jour d'horreur et de deuil, honte de ma patrie,
      Fatal ruisseau de la Tafna,
Qui vis des flots de sang dans ta couche tarie,
Ah! ne répétez point quels lauriers on fana!

      Un traité coupable et funeste,
      Erreur d'un jour d'adversité,
      Ne rendra que trop manifeste
      Aux yeux de la postérité
      Le revers dont cette journée
      Frappa la France consternée,
      Et la paix qu'on obtint, hélas!
      Inhabile et bientôt menteuse,
      Ne fut, grand Dieu! que trop honteuse!
      Ah! non! non! ne répétez pas!!!

A celui qui n'avait qu'un pouvoir contestable,
      A ce chef de Bédouins errants,
Ballotté du hasard, comme au désert le sable
Qui vole et tourbillonne au caprice des vents;

      A ce souverain éphémère,
      Vous faites, dans ce jour fatal,

Déception trois fois amère !
Vous faites un destin royal !
Sa puissance était circonscrite ;
Vous en reculez la limite
Près de votre empire naissant,
Et d'un cheik obscur et barbare,
Vous créez, imprudence rare !
Un monarque auguste et puissant !

Mais, que dis-je ? avec lui vous jurez alliance !
Vos arsenaux lui sont ouverts !
Vous mettez dans ses mains, en toute confiance,
Des armes dont il rêve un usage pervers !

Vous l'armez, et sa perfidie
Excite déjà contre vous
Toute l'antique Numidie !
De votre puissance jaloux,
Il fomente au loin les discordes,
Et déjà ses farouches hordes
Peut-être immolent vos soldats,
Lorsque, sincères et crédules,

Vous osez croire sans scrupules
A ses promesses de Judas !

Et longtemps sur la foi qu'Abd-el-Kader vous jure
Vos yeux demeureront fermés !
Il lui faudra combler la trahison, l'injure,
Pour dissiper le charme et voir vos bras armés !

Ah ! mais, si l'erreur fut profonde,
Vous saurez bien la réparer
Et la rendre en succès féconde !
Oui, vos guerriers sauront parer
Les coups nombreux dont on les presse,
Châtier cette main traîtresse,
Par qui, de Maroc à Tunis,
La haineuse Afrique se lève,
Et courber sous le joug du glaive
Les peuples contre vous unis !

La lutte sera longue, implacable, acharnée,
Mortelle à des milliers des tiens,
O France ! mais enfin d'un beau triomphe ornée,
Elle t'aura conquis d'invincibles soutiens !

Un jour, puissante, calme et fière,

Avec bonheur tu songeras

Au temps d'une époque guerrière ,

Et d'orgueil tu tressailliras ,

Quand le soir, assis sous le chaume,

Comme les guerriers du grand homme

Chantant les combats d'autrefois,

Les soutiens de ta renommée

Exalteront ta jeune armée

En contant leurs récents exploits.

Nous aussi, diront-ils, comme jadis nos pères,

Les héros vainqueurs d'Aboukir,

Nous avons vu l'Afrique et ses brûlantes terres,

Nous sûmes vaincre aussi, nous aurions su mourir!

Au jour où la France insultée

Mit le siége aux remparts d'Alger,

Quand la Casbah fut emportée,

Nous étions là, pour partager

Tous les hasards de la conquête !

De l'Atlas l'orgueilleuse crète

Nous a vus sur ses flancs scabreux
Traquer le féroce Kabyle ;
Nous avons du désert stérile
Vaincu les enfants valeureux.

Nos travaux ont porté les bornes de la France
Plus loin que par delà les mers ,
Révélé son grand nom , sa gloire, sa puissance
De l'Est à l'Occident, et jusques aux déserts.

La Mitidjah, la riche plaine ,
S'est fécondée à nos sueurs,
Au plus pur sang de notre veine ;
Nous avons occupé vainqueurs
Les boulevards de l'Algérie ,
Médéah, Cherchell , Titerie ,
Arzew, Mostaganem , Oran ,
Tlemcen , la sauvage retraite
De l'émir, du fils du Prophète ,
Tlemcen, seul espoir du tyran !

Nous avons du Maroc vu les confins arides ,
Puisé les ondes du Chéliff ,

Expulsé de ses bords les modernes Numides,
Conquis vers l'Orient et Gigel et Sétif,

> La rive d'Alger à La Calle,
> Où longtemps la France arbora
> Les lis de sa robe royale,
> Les ports de Bougie et Stora,
> Les murs de la moderne Bone,
> Non loin des lieux où fut Hippone,
> Qu'Augustin illustra jadis,
> Et la magnifique contrée
> Dont Constantine est entourée
> Et qui s'étend jusqu'à Tunis.

Antique Constantine! au pied de tes murailles
> Deux fois notre sang a coulé;
Deux fois tu nous coûtas d'amères funérailles
Avant que ton rocher sous nos coups eût croulé!

> Nous combattions dans cette armée
> Où l'on comptait un fils de roi ;
> D'une noble ardeur animée,
> Elle frappait déjà d'effroi

Ton bey, tyran au cœur féroce.

Tout à coup un hiver précoce,

Inouï dans ces doux climats ,

Étend la neige sur la terre ,

Comme un blanc linceul funéraire,

Et glace les cœurs et les bras.

La mort fait dans les rangs les plus affreux ravages ;

La faim , le froid et l'ennemi ,

Conjurés contre nous, prodiguent leurs outrages ;

Malheur à qui s'étend sur la terre , endormi !

De même on avait vu naguère ,

Sauvés des flammes du Kremlin ,

Les héros vainqueurs de la terre

Périr du plus affreux destin ,

Et leurs dépouilles entassées

Au loin sur les steppes glacées

Servir de pâture aux vautours :

Patriotiques hécatombes

Que le marbre de saintes tombes

Aurait dû sacrer à toujours !

Ainsi, par un bizarre et funeste caprice,

Le sort, en des lieux si divers,

Vouant un même peuple au même sacrifice,

Épuise contre lui les rigueurs des hivers !

Mais du moins, alors que nos pères

Sont morts, hélas ! et non vengés,

Les destins, pour nous plus prospères,

Dans ces murs deux fois assiégés

Nous accorderont la victoire,

Et nos bras, servant la mémoire

Des Combes et des Damrémont,

Vengeront leur mort honorable,

Mort illustre, mort désirable

Qui manque peut-être à Bourmont !

Maîtres de Constantine et de ses champs fertiles,

Nous vaincrons dans tous les combats,

Et les Portes de Fer, nouvelles Thermopyles,

Garderont sur leurs rocs la trace de nos pas !

Objets d'orgueil et de louanges,

Honte et terreur du musulman,

Vous marchiez parmi nos phalanges,
Nobles héros de Mazagran !
Vous n'étiez que cent vingt-trois braves ;
Mais pour fuir le sort des esclaves,
On vous vit, trois jours, fiers soldats,
Braver des milliers de barbares,
Et cueillir des palmes plus rares
Que celles de Léonidas !

Et vous dont nous suivions l'épaulette étoilée,
Qu'on vit commander tour à tour,
Berthezène, Clausel, Damrémont et Vallée,
Toi-même, ardent Bugeaud, malgré l'erreur d'un jour ;

Vous surtout, cohorte héroïque,
Cavaignac, Changarnier, Bedeau,
Duvivier, Joussouf, que l'Afrique
Nous ravit, dit-on, au berceau ;
Et toi, noble Lamoricière,
Modèle de vertu guerrière,
Toi qu'on a vu bien jeune encor
Rayonnant d'honneurs et de gloire,

Oui, tous vous verrez dans l'histoire
Vos noms inscrits en lettres d'or.

Vous avez avec nous, dans nos marches lointaines,
Franchi monts, déserts et torrents,
Bravé du siroco les impures haleines,
Et de l'astre du jour les rayons dévorants!

Et c'est à travers tant d'obstacles
Que le succès nous apparut,
En accomplissant les oracles :
Incertain d'abord, il s'accrut,
Par le temps, par notre énergie,
Et l'Afrique, de sang rougie,
Put, après ces jours orageux,
De la paix pressentir l'aurore,
Et voir l'étendard tricolore
Parer un ciel moins nuageux!

Ainsi diront tes fils, ô France, ô ma patrie!
Et les récits de leurs travaux,
Qui t'ont donné la gloire et la riche Algérie,
Rendront ton cœur de mère à des transports nouveaux!

Mais pour assurer ta conquête
Il te reste encore à souffrir !
N'entonne pas les chants de fête !...
Tes fils devront encor mourir
Dans ces champs où déjà leurs frères
Sont tombés sous tant de misères !
Verse encor ton sang, tes trésors,
La source n'en est point tarie !
Pour terrasser la barbarie
Redouble tes derniers efforts !

Ne t'épouvante pas de tant de sacrifices !
Le prix viendra, mais à pas lents.
La terre n'a jamais refusé ses prémices
A ceux dont les sueurs ont arrosé ses flancs !

N'écoute point ces cœurs timides,
Amis de l'immobilité,
Ni ces esprits lents ou stupides,
Voués à la stérilité.
Dans le lourd sommeil de leur âme
Ils n'ont aux lèvres que le blâme

Pour ce qu'on dit grand ou nouveau ;
Et, glacés devant le sublime,
Dans tout progrès ils voient un crime,
Dans toute conquête un tombeau !

L'Afrique n'est pour eux qu'une source de pertes,
Un gouffre de maux sans un bien ;
Ils maudissent Alger, et leurs cerveaux inertes
Dans le présent voient tout, mais dans l'avenir rien !

Insensés ! leur bouche raisonne
Comme raisonne l'étranger,
Lui qui, haineux, ambitionne
De te voir fuir les bords d'Alger ;
Lui qui, pour s'asseoir à ta place,
Ose espérer par la menace
Dompter ton essor glorieux !
Ferme donc à tous ton oreille,
Poursuis ton but, combats et veille,
L'univers a sur toi les yeux !

Alger ! Alger ! Alger ! écoute, ô noble France,
De tes vrais enfants c'est le cri !

Là vit ton avenir, là vit leur espérance !
Là tes anciens lauriers ont de nouveau fleuri !

En avant ! vaste est la carrière ,
Sublime le prix du combat !
En avant ! déjà la lumière
A doré d'un premier éclat
L'horizon chargé de ténèbres :
Déjà les images funèbres
Font place à des tableaux plus doux :
Alger semble à l'espoir renaître :
Abd-el-Kader pour disparaître
N'attend plus que tes derniers coups !

Déjà tu l'as frappé ! déjà les cheicks nomades
L'abandonnent de toutes parts !
Ils rangent sous tes lois leurs féroces peuplades !
Tout cède à ta valeur, tout suit tes étendards !

L'humble colon que les batailles
Avaient relégué dans les murs,
Retourne aux champs dont les entrailles
Rendront désormais des fruits mûrs.

La confiance et l'allégresse
Reviennent avec la richesse
Où s'ébranlaient les bataillons,
Et les éclats de la trompette
Font place aux refrains que répète
Le laboureur dans les sillons.

Les déserts, reculant leurs vastes solitudes,
Bientôt par le soc déchirés,
Nourriront les trésors des chaudes latitudes,
Et les trésors divers des climats tempérés.

Devant les paisibles conquêtes
Du travail secondé des arts,
Les monstres fuiront leurs retraites
Et de l'homme les fiers regards.
Loin de son pouvoir tyrannique,
Le lion, au fond de l'Afrique,
Cherchera les sombres forêts ;
Et des champs devenus fertiles
Disparaîtront les noirs reptiles
Que cachent encor leurs marais.

Le Bédouin, dépouillé de sa rude nature,

    Fixera ses pas vagabonds,

Et livré désormais aux soins de la culture,

Ne s'enrichira plus que des terrestres dons.

    Bientôt les champs de l'Algérie

    Vont offrir aux yeux enchantés

    Une immense et riche prairie;

    Les hameaux, les bourgs, les cités,

    Surgiront au milieu des plaines,

    Comme aux jours où les lois romaines

    Faisaient fleurir ces régions;

    Comme aux jours où les blés numides

    Nourrissaient les enfants avides

    De la reine des nations!

Un jour aussi tes fils, tes fils, mère féconde,

    Vaincus et chassés par la faim,

Nombreux, fuiront tes bords pour quelque coin du monde

Qui leur puisse donner du travail et du pain!

    D'Alger l'hospitalière rive,

    Alors de tes malheureux fils

Deviendra la mère adoptive,
Le port de salut, l'oasis
Dont la caravane altérée
Aperçoit l'ombre inespérée !
L'Afrique alors sera pour eux
Ce que, dans la terre promise,
Sur la foi du divin Moïse,
Espéraient trouver les Hébreux !

Ainsi les blonds enfants de l'âpre Germanie
Vont peupler les climats lointains ;
Ainsi du sol natal leur misère bannie
Va chercher le bonheur aux champs américains !

Le bonheur ! En est-il encore
Loin du foyer, loin du hameau ?
Loin du doux soleil qui le dore ?
Loin du clocher et de l'ormeau
Qui protégea de son ombrage
Les joyeux ébats du jeune âge ?...
Hélas ! privés de nos amours,
D'une mère tendre et chérie,

De nos amis, de la patrie,
Hélas ! il n'est plus de beaux jours !

Mais le cœur bat encor quand la rive étrangère
Nous rend l'idiome natal,
Les doux chants du pays, l'amour d'un autre frère,
Sous l'abri protecteur du drapeau national !

Quand le triomphe vient sourire
A des efforts laborieux ;
Quand avec orgueil on peut dire :
Je suis sorti victorieux
De ma lutte avec la fortune ;
Quand enfin la mère commune,
La Patrie est le noble but
Auquel on consacre sans cesse
Vœux, travaux, sang, grandeur, richesse,
En un noble et sacré tribut !

Patrie, idole sainte, espoir des grandes âmes,
Pourquoi fuyons-nous tes autels,
Et ne brûlons-nous plus de ces divines flammes
Dont autrefois ton culte embrasait les mortels ?

Esprit qui dictas l'héroïsme

Des Régule et des Décius,

Étouffe le lâche égoïsme

Qui tient sous le joug nos vertus !

Rends aux Français ce beau délire

Dont avant et pendant l'empire

Leurs pères étaient animés,

Cette ardeur, cette idolâtrie,

Ce culte saint pour la Patrie,

Auquel tant de cœurs sont fermés !

Surtout enflamme ceux de qui les mains fragiles

Guident les rênes de l'État !

Que la France et l'honneur soient leurs nobles mobiles,

Et la Patrie encor, reprenant son éclat,

Verra ses grandes destinées,

Son nom, entouré de splendeurs,

Atteindre, à travers les années,

De l'avenir les profondeurs !

Son empire étendra ses bases

Dans cette Afrique, où tant de phases

Ont marqué ses derniers succès ;

Et la belle mer qui sépare

L'Europe et la côte barbare ,

Ne sera plus qu'un lac français !

D'innombrables vaisseaux sillonneront cette onde ,

Guidés de l'un à l'autre bord

Par les hardis enfants de la mère féconde ,

Qui leur dira : — « Mes fils , d'Alger gagnez le port !

» C'est là que brillent les étoiles

» Qui doivent guider vos destins !

» Allez ! orientez vos voiles

» Vers les rivages africains.

» Mon cœur, pour vous plein de tendresse,

» Pressent de longs jours de détresse ,

» Où tous, hélas ! ne pourriez pas

» Boire à ma mamelle flétrie !

» Partez ! la fertile Algérie

» Vous sourit et vous tend les bras.

» Chérissez-la , mes fils, autant que votre mère !

» Pour prix de l'hospitalité ,

» Du sein qu'elle présente à votre peine amère,
» De son beau ciel, des fruits de sa fécondité,

    » Donnez-lui les arts, la science
    » Qu'au monde elle apprit autrefois,
    » Les bienfaits de votre alliance,
    » Votre esprit, vos mœurs et vos lois.
    » Les dons d'une active industrie
    » Encombrent sans fruit la patrie :
    » Que ces trésors multipliés
    » Aillent d'Alger garnir les villes ;
    » Que par des échanges utiles
    » Les deux rivages soient liés !

» Guidez vers le Niger de riches caravanes !
    » Passez les sables et les monts !
» Un pays tout nouveau vous ouvre ses savanes
» Ses bois vierges encor, ses fleuves, ses vallons.

    » Portez, répandez la lumière
    » Dans ces climats inexplorés !
    » Réunissez sous ma bannière
    » Les peuples encore ignorés

» Qui campent depuis la Nubie

» Jusqu'aux sources de la Gambie !

» Vers vos frères du Sénégal,

» Ouvrez un terrestre passage :

» Allez étonner le rivage

» De l'océan Occidental !

» Le jour où contre Alger je résolus la guerre

    » Soumit l'Afrique à mon pouvoir,

» Et m'assurant des droits sur cette noble terre,

» De la civiliser m'imposa le devoir.

    » Français ! cette tâche sublime

    » C'est à vous seuls de l'accomplir !

    » La déserter serait un crime ;

    » Hâtez-vous donc de la remplir !

    » Déjà ma jalouse rivale,

    » Dont la puissance colossale

    » Envahit la terre et les mers,

    » Tente, au sein même de l'Afrique,

    » D'imposer le joug britannique :

    » Prévenez des regrets amers !

» Quand déjà près d'Alger maîtresse elle commande
    » Dans Gibraltar, Malte et Corfou ,
» Ne souffrez pas qu'un jour sa puissance s'étende
» Des plages de Guinée aux champs de Tombouctou.

    » On sait quelle ardeur inquiète
    » Sert ses projets ambitieux.
    » Gardez ma superbe conquête
    » Loin de son bras, loin de ses yeux !
    » C'est assez que , tyran de l'onde ,
    » Elle promène par le monde
    » L'orgueil de ses vieux étendards !
    » C'est assez que des colonies
    » Et des provinces infinies
    » Obéissent aux léopards !

» De l'Afrique à jamais défendez-lui l'empire :
    » Votre gloire le veut ainsi !
» Qu'enfin de ma grandeur le beau soin vous inspire :
» Il fut sacrifié trop longtemps jusqu'ici.

    » L'entier univers est l'arène
    » Où combat sans trêve Albion !

» Elle règne, elle est souveraine

» Partout où son ambition

» Espère une opulente proie !

» Son drapeau sanglant se déploie

» Sur l'un et sur l'autre océan ,

» Sur la boréale Amérique,

» Et l'archipel Océanique

» S'unit à l'empire géant.

» Des bouches de l'Indus jusqu'aux plaines du Gange

 » Elle fait respecter ses lois !

» Qu'elle ose ! et sous son joug tout l'Orient se range,

» Des champs de la Syrie aux rivages chinois !

» Elle osera ! car l'aigle russe

» Menace, en s'éloignant du Nord ,

» Ces lieux que la force et l'astuce

» Tiennent enchaînés à son sort.

» Elle osera ! sa jalousie

» Craint pour ses comptoirs de l'Asie !

» Et quand du czar l'ambition

» Peut vouloir bientôt un partage,

» Elle prendra d'avance un gage,

» Pour s'assurer part de lion !

» Vous le voyez, mes fils, mes puissantes rivales

» Sans cesse augmentent leurs États.

» Pour m'agrandir aussi j'ai des chances égales ;

» J'ai la force et le droit : vous ne l'oublîrez pas !

» Alger a reçu ma bannière :

» Qu'Alger la conserve à jamais!

» L'Afrique est la vaste carrière

» Ouverte à vos constants progrès :

» C'est votre espoir, votre arche sainte ;

» Le noble sang dont elle est teinte,

» Ce sang reste encore à venger !

» Vengez-le donc par la conquête,

» Et que chacun de vous répète :

» Alger! Alger! Alger! Alger!!!! »

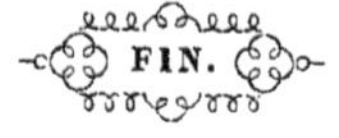